काव्यश्री

काव्यसंकलन

वन्दना सिंह

ISBN 979-8-89026-898-3

यह पुस्तक माँ सरस्वती का आशीर्वाद है। कोविड में गतिविधियाँ थम गई, डॉक्टर होने के कारण इस महामारी के सभी पहलुओं की अनुभूति की। उसी दौरान भावनायो का सैलाब कभी किसी के डर, कभी दुख, कभी महामारी से जीतने की ख़ुशी, कभी महामारी की अनिश्चितता से व्याकुलता के रूप महसूस किया और महसूस करते करते शब्दों में, फिर काव्य में बदल गया। वही से मेरी कविताओं का सफ़र शुरू हुआ और माँ के आशीर्वाद से मैं इस काव्य रचना काव्यश्री तक आ गयी। काव्यश्री में जीवन के सभी रंगो को सरल, सकारात्मक व प्रेरणात्मक संदर्भ से सजाने की कोशिश है।

अंतर्वस्तु

मैं यह पुस्तक को उन सभी व्यक्तियों को समर्पित करना चाहती हूं जो मेरे बचपन से अब तक मेरे जीवन में आए हैं, मेरे साथ विचार, समय, अनुभव साझा करें और जीवन के विभिन्न पहलुओं को समझने में मेरी मदद की।

प्यार और ज्ञान आपका फलीभूत हुआ
आपके आशीर्वाद से ही ये पद्य रचित हुआ।

नारी

सहज, सौम्य, सहृदय, सबल, सक्षम
ना रही अब मैं किसी भी क्षेत्र में अक्षम
हाँ मैं नारी हूँ
पर आज मैं, सजग, सचेत, प्रगतिशील हूँ
मुझे विरासत में संस्कार वही मिले है
पर आज मैं रूढ़िवादी बेड़ियो से मुक्त हूँ
मुझे हर सुख दुख में साथ निभाना आता है
पर आज मैं, निर्भरता से मुक्त हूँ
हर कठिनाई सहने में सक्षम हूँ

पर अत्याचारों को सहने के बोझ से मुक्त हूँ
हाँ मैं नारी हूँ
पर आज मैं स्वतंत्र, स्वावलंबी, ज्ञानशील हूँ
रिश्तों की गरिमा निभाना आता है मुझे
पर रिश्तों की खूँटियों से मुक्त हूँ
त्याग, धैर्य, संयम, विश्वास और प्रेम का अर्थ पता है मुझे
पर परतंत्रता से मैं मुक्त हूँ

- वन्दना

ये माँ है ना कभी कभी मेरी गलती भी बताती है
मेरी गलती की सजा भी सुनाती है
सजा सुनाकर कुछ बड़बड़ाती हुई बाहर जाती है
पर मेरी माँ अपनी ही ममता से हर रोज़ हार जाती है
परोस कर ख़ाना मेरी ही पसंद का मुझे अपने हाथों से
खिलाती है

ये माँ है ना मुझे हर सुबह बार बार जगाती है
धमकी भी हर रोज़ सुनाती है
कहती है कल से नहीं जगाऊँगी तुम बार बार सो जाते हो
पर मेरी माँ अपनी ही ममता से हर रोज़ हार जाती है
हर सुबह चाय लेकर हाथ में मुझे पुचकारकर जगाती है

ये माँ है ना मेरी चीज़ो के इधर उधर फैले होने से
मुझ पर हर रोज़ झुंझलाती है
पर अपनी ही ममता से हर रोज़ हार जाती है
मैं देखता हूँ हर रोज़ वो कुछ कुछ बोलती जाती और मेरी
चीज़ो को संवारती भी जाती है

ये मेरी माँ ना जाने कैसे मेरे चेहरे को पढ़ती है
शिकायत मुझसे करती है की मैं छुपाने लगा हूँ
ताना देकर मुझे मुंह अपना फेर लेती है मेरी ओर से
पर अपनी ही ममता से हर रोज़ हार जाती
मेरे बिना बताये सब कुछ जान जाती है
मेरी उलझनो को बातों बातों में सुलझाती है

माँ तू इतनी ममता, सब्र, संयम कहाँ से लाती है
मैं जब मुस्कुराता हूँ तू भी मुस्कुराती है
मैं जब गुनगुनाता हूँ तू भी गुनगुनाती है
अपनी पहचान भूलकर
माँ तू मेरी पहचान बनाती हैं।

- वन्दना

यादें

यादें वो बचपन की
जब भी आती है
मेरे चेहरे पर एक मुस्कराहट
बिखेर जाती है

वो माँ के हाथों से खाना खाना
वो देर तक खेलकर लौट कर आना
दवे दवे पाँव से घर में जाना

पर पाँव रखते ही माँ का वो
डाँटना और धमकियाँ देना
तब बुरा लगता था
पर आज एक मीठी सी याद है

वो पापा के साथ खेलना
वो पापा का समाचार पत्र से पढ़कर
मेधावी छात्रों की कहानी सुनाना
लगता था प्रेरित कर रहे है
या दे रहे है ताना
पापा के घर में आते ही
किताबें ले कर बैठ जाना
तब बुरा लगता था
पर आज एक मीठी सी याद है

वो भाई से छोटी छोटी बातों
पर नोक झोंक करना
भारत पाकिस्तान की तरह हर दिन
एक दूसरे की बेड पर
बनी उस काल्पनिक सीमा को लांघना
और लड़ना यहाँ तक मेरा है
तब बुरा लगता था
पर आज एक मीठी सी याद है

वो स्कूल के दोस्तों के साथ मस्ती
स्कूल में वो इतिहास, भूगोल की
कक्षा से भाग जाना

दोस्तों के अंक परीक्षा में थोड़े थोड़े
ऊपर नीचे होने पर
ईर्ष्या का भाव मन में जागना
तब बहुत बुरा लगता था
पर आज एक मीठी सी याद है

वो स्कूल में शिक्षकों की
लम्बी लम्बी सीखो वाली क्लास
असेम्बली में वो नैतिकता का पाठ
जो आज मेरी ज़िंदगी के हर कर्म
में शामिल है
तव बहुत बुरा लगता था
पर आज एक मीठी सी याद है

                                        - वन्दना

"बुलंद तन नहीं
बुलंद मन चाहिए
बुलंदियों पर जाने को"

वन्दना

बचपना अपना संजोके रखो

बचपना अपना संजोके रखो
छोटी ख़ुशियों पर खिलखिलाने को
छोटी सी जीत पर इतराने को
छोटी सी हार पर ढाँढस बढ़ाने को
छोटी छोटी मुश्किलों से पार पा जाने को
छोटे छोटे रंग बिरंगे ख़्वाबों से
दुनिया अपनी सजाने को
बोझ उम्र का ना रखो दिलो पर
उम्र तो महज़ पड़ाव है
साल दर साल बदल जाने को
और तुमको याद दिलाने को

की बढ़ नही रही हूँ मैं(उम्र)

असलियत में तो घट रही हूँ मैं

बचपना तुम अपना संजोके रखो

जीवन अपना सहज रखो

ना खो जाना कुछ पाने को इस भीड़ में

नही तो खो जाएगी ज़िन्दगी की ख़ुशियाँ इस भीड़ में

बस छोटी छोटी ख़ुशियों से भर ले अपनी ज़िन्दगी को

छोटी छोटी ख़ुशियों से भर दो अपनो की ज़िन्दगी को

— वन्दना

बस तू चलते जाना
लेकर अपना लक्ष्य
सच्चाई के साथ

कितने भी बाधाए आए
कितनी बार भी तू गिर जाए
फिर से तू उठ जाना
सच्ची लगन लगाना

कुछ पाना है अगर अनोखा
देनी पड़ेगी कठिन परीक्षा

टूटोगे तुम अनगिनत बार
लेकिन करके अपना लक्ष्य याद
फिर जुड़ जाना
फिर जुट जाना
हार से पीछे मत मुड़ जाना
एक बार फिर तुम सच्चाई से जुट जाना

टूटना तुमको नहीं है
इस बार लक्ष्य ही टूटेगा
देखना उस दिन ये संसार ही
तुमसे पूछेगा
क्या किया कैसे किया
बस तुम इतना कहना
चलता रहा चलता रहा मैं
तुम भी चलते रहना।

- वन्दना

प्रयास

प्रयास प्रगति पथ की प्रथम ज्वाला

प्रयास जननी, प्रयास ही धाय माँ

प्रयास जनक, प्रयास ही भ्राता

प्रयास से ही जगती लक्ष्य की आशा

प्रयास सच्चा, प्रयास निष्ठावान

प्रयास केंद्रित, प्रयास ऊर्जावान

क्रियावान प्रयास ही लक्ष्य की परिभाषा

प्रयास भक्ति, प्रयास ही तप

प्रयास की शक्ति, लक्ष्य का निरंतर जप

एकाग्र प्रयास ही लक्ष्य प्राप्ति का गुरूमंत्र

प्रयास ही प्रगति का मूलमंत्र।

- वन्दना

मेरे परिवार, मेरे पति और मेरे बच्चों मनस्वी और गुणाज़
को बहुत बहुत धन्यवाद जिन्होंने मुझे अपने सपनों की ओर
चलने के लिए हमेशा सहयोग किया।

छोटे से मन से मेरी गहरी बातो को
समझने का तुम्हारा प्रयास
बड़े ही उत्साह के साथ मेरी
हर कविता पर तुम्हारा विश्वास
मेरी आस तुम्हारे साथ से ही हो पाया
इस पद्य का शिलान्यास।

काले बादल व चाँद

• 22 •

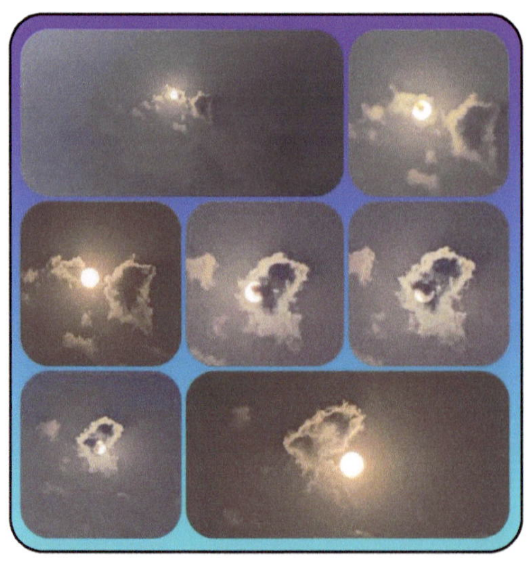

चुनौतियों के काले बादल जीवन में बारम्बार आएँगे
बस तुम इस चाँद से स्थिर रहना

काले बादलों में स्थिरता कहाँ
आज यहाँ कल वहाँ
तुम न घबराना
बस तुम इस चाँद से स्थिर रहना

चुनौतियों के काले बादल ढाक ले तुम्हें अगर पूरी तरह
अस्तित्व तुम्हारा खोने लगे
तुम न अकुलाना
बस तुम इस चाँद से स्थिर रहना

चुनौतियों के ये काले बादल स्वयं आए है
स्वयं ही छँट जाएँगे
तुम संयम ना खोना
बस तुम इस चाँद से स्थिर रहना

स्थिरता तुम्हारी शक्ति है
चमकना चाँद की नियति है।
बस तुम इस चाँद से स्थिर रहना

- वन्दना

मन

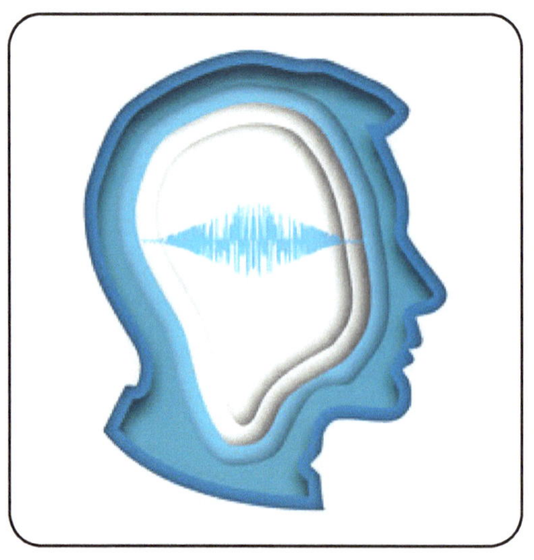

ये मन का कैसा व्यतक्तित्व

कभी शिशु के समान कभी योगी सा अनुशासित

कभी हठी कभी शांत कभी ख़ुश कभी दुखी

दिन प्रतिदिन, पल प्रतिपल बदलती इसकी अवस्था

बदल देती पूरी व्यवस्था

मन एक ऐसा वाहन जिस पर होकर सवार

कर आता मनुष्य पल में ब्रह्मांड परिक्रमा

मन की गति का ना कोई आदि न अंत

मन की परिकल्पना शक्ति अनंत

कभी देता प्रभुत्व कभी करता पराभूत

कभी होना चाहता एकाकी कभी माँगता सत्संग

कभी किसी को पाने की अभीप्सा कभी ना पाने पर संयम

विचित्र सा व्यवहार इसका कौन जाने इसके कितने रंग

कुछ ज्ञानी मनुष्यों का कथन

लक्ष्य के प्रति दृढ़ इच्छाशक्ति व एकाग्रता

ही करते इस पर नियंत्रण

ध्यान ही इसका चालक संयंत्र

इतिहास तो कहता है मन ने कर दी

ऋषि मुनियो की दुर्लभ तपस्या भी भंग

सदियों से मन की एकाग्रता पर अनुसंधान होते रहे,

मन को संतुलित करने के लिए

ध्यान करो, योग करो, इच्छायें नियंत्रित करो

मिथ्या सारे कथन हुए

कार्य में व्यस्तता ही मात्र एक मार्ग है

कर्मशीलता व उदारता ही मन को करते शांत है।

अपेक्षायें

अपेक्षायो के दलदल में
जब मेरा मन उतरा
फँसता ही गया उसमें
गहरा और गहरा
हर प्रयास निकलने का
जब मेरा, विफल हुआ
दुःख मेरा गहराया
बहने लगी अश्रुधारा
मै ज़ोर से चिल्लाया

सुनकर मेरा करुणकंदन
एक संत वहाँ आया
उसने मुझे देखा और
प्यार से समझाया
अपेक्षायो की इस गठरी से
है बोझिल तेरी काया
यदि बाहर निकलना है तो
त्याग दे ये गठरी
सुनकर उसकी सीख
दलदल से बाहर आया
उस बोझ की गठरी को दलदल
में छोड़ आया
अपेक्षायो से मुक्त होकर जब
देखा आसपास तब
इस संसार की सुंदरता को
मै सच में जान पाया।

- वन्दना

इतनी ही है ज़िंदगी

इतनी ही है ज़िंदगी
ख़ुशियों को संजोलो
दुखो को बाँट लो

बोझ तले दबो नही
आसमान में उड़ो नही
धरा पर खड़े रहो
संवर गए तुम अगर
औरों को संवार दो

धूप में जलो नही
छाया में छिपो नही
प्रकाश की किरण बनो
मिटा दो अंधकार को

अकेले तुम चलो नही
भीड़ तुम बनो नही
पुंज बन साहस का
लक्ष्य तुम पूरा करो

जीत से जलो नही
हार पे हँसो नही
मित्र बनकर मित्र का
स्नेह से हाथ थाम लो

इतनी ही है ज़िंदगी
ख़ुशियों को साझा करो
दुःख अपने बाँट लो

- वन्दना

श्वेता (चीनू) को मेरा विशेष धन्यवाद जो मेरे जीवन में आईं और उनके साथ ने मुझे मेरे सर्वश्रेष्ठ रूप से परिचित कराया। उनकी उपस्थिति मेरे जीवन में भगवान का आशीर्वाद है। ये कविताएँ भी मेरी उन संपदाओं में से एक हैं जो मुझे उनके साथ मिली है।

भावनायो का जन्म
शब्दों का चयन
कवितायो का सृजन
काव्य का अलंकरण
काव्यश्री का उदयन।

हम सब अर्जुन है
बस अपने अपने कृष्ण (प्रेरणा) को ढूँढो।

कृष्ण अर्जुन

मैं अर्जुन तुम कृष्णा
साथ मेरे तुम रहना
भटक जाऊँ अगर पथ से कभी
बोल देना तुम तभी
पर न जाना छोड़कर
मुझसे कभी मुँह मोडकर
एक आशा की किरण तुम से जगी
मन से डर और निराशा भगी
जीने की फिर से चाह जगी

फिर से मंजिल दिखने लगी
में अर्जुन तुम कृष्णा
साथ मेरे तुम रहना

जय श्री कृष्ण

भोर की पहली रोशनी के साथ आती हो तुम
सूरज की सुनहरी किरण बनकर चमकती हो तुम
मंदिर की घंटी बनकर कहती हो तुम
उठ जाओ दोस्त मेरे तुम्हें अपने लक्ष्य को पाना है
साथ साथ रहती हो और हर पल याद दिलाती हो
की हर पल को मुझे एक अवसर बनाना है
रात्रि में शुभ रात्रि कहकर चली जाती हो

और कहती हो जाती हूँ मैं अभी
पर भटक ना जाओ अपने पथ से तुम
इसलिए
कल सुबह फिर आना है।

- वन्दना

सदाक़त (सच्चाई)

तू दिखती नहीं है
पर मेरे हर कर्म में शामिल है तू
तू दिखती नहीं है
पर मेरे हर निर्णय में शामिल है तू
तू दिखती नहीं है
पर मेरी हर ख़्वाब में शामिल है तू
तू दिखती नहीं है
पर मेरी हर दुआ में शामिल है तू
तू दिखती नहीं
पर कहीं न कहीं मेरे वजूद में शामिल है तू

- वन्दना

"तेरा हर लफ़्ज़ एक तालीम है
और तेरी सोहबत खुदा की रहमत।"

वन्दना

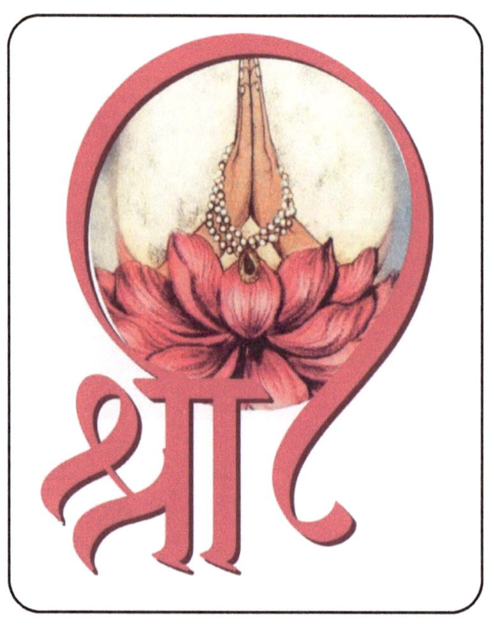

मंदिर के घंटे की ध्वनि सी
मस्जिद की अजान सी
गुरुद्वारे की अरदास सी
चर्च की प्रार्थना सी

सूरज की लालिमा सी
चाँद की पूर्णिमा सी

तारो की टिमटिमाहट सी
मेघों की बहार सी
बारिश की बूँदो सी

गीता के श्लोक सी
रामायण की चौपायी सी
गंगा के जल सी
चंदन की महक सी
दीपक की बाती सी

माँ के गोद के सुकून सी
धूप में छाँव सी
ठंड में गरमाहट सी
प्यास में पानी सी

सुख में ख़ुशी सी
दुःख में धैर्य सी
चुनौती में सफलता सी
डर मे हिम्मत सी

मुझमें समायी है
मुझमें समायी है

- वन्दना

टूटकर गिर गया हूँ मैं
आज कितना बिखर गया हूँ मैं
मेरे सपने, मेरी चाहत
ने साथ जो, मेरा छोड़ा
ज़िंदा तो हूँ मगर उम्मीदों
से मर गया हूँ मैं

उठाने बोझ चला था
चाहतों का मैं
न चल पाया, देखो धराशायी पड़ा हूँ मैं
परछाई भी आज मेरी
भावुक हुई मेरी तरह
सिमट गई है मेरे पास,
टूटकर जैसे अपने ही आग़ोश में
आज सिमट गया हूँ मैं
टूटकर गिर गया हूँ मैं
आज कितना बिखर गया हूँ मैं।

- वन्दना

सपने व साथ

सपने सच हो जाते
क़िस्मत से भी जीत जाते
मेरा जुनूँ और तेरा साथ
अगर एक हो जाते

अर्जुन कैसे युद्ध में जाते
कैसे अपना गांडीव उठाते
अर्जुन और कृष्ण अगर
एक ना हो पाते

राम सीता को कैसे पाते
समुंद्र कैसे लांघ पाते
राम और हनुमान अगर
एक ना हो पाते

कृष्ण कैसे कंस से लड़ते
कैसे कंस का वध करते
कृष्ण और बलराम अगर
एक ना हो पाते

समुंद्र मंथन में
कैसे देव, जीत पाते
कैसे अमृत पाते
शिव आकर, अगर
हलाहल ना पी पाते

सपने सच हो जाते
क़िस्मत से भी जीत जाते
मेरा जुनूँ और तेरा साथ
अगर एक हो जाते

- वन्दना

मेरे माता-पिता और मेरे भाई दलबीर व प्रमोद को धन्यवाद जिन्होंने मुझे हमेशा एक नवजात शिशु की भाँति लाड़ प्यार किया तथा मेरे हर निर्णय में मेरा साथ दिया।

संस्कारो की पूँजी
मुझे विरासत में दी
प्यार व विश्वास
से ज़िंदगी की झोली भर दी।

आपके स्नेह व आशीर्वाद के लिए
बहुत बहुत धन्यवाद

रिश्ते

रिश्ते देते जीवन को स्वाद
कुछ खट्टे
कुछ मीठे
कुछ नमकीन
कुछ कड़वे

रिश्तें देते जीवन को आधार
कुछ हम पर खड़े
कुछ पर हम खड़े
कुछ आतुर हमे गिराने को
कुछ चौक्कने हमे बचाने को

रिश्ते देते जीवन को रंग
कुछ जीवन को भरते रंगो से
कुछ मिटा देते रंगो को
कुछ सजा देते रंगो से
कुछ बिगाड़ देते रंगो को

रिश्ते करते जीवन का ऋृंगार
अपनी भावनाओं से
सजाते
कभी प्यार से
कभी तकरार से
कभी रूठने से
कभी मनाने से

रिश्ते होते जीवन की पूँजी
ये बनते है तो
मिटते कभी नहीं
धुंधले होकर भी
ये कभी अपनी पहचान नहीं खोते

रिश्ते होते है अनमोल
क्योंकि
जीवन को जीवंत तो
रिश्ते ही बनाते है
सुख में दुख में
ये रिश्ते ही तो है
जो मेरी ढाल बन जाते हैं।

- वन्दना

रिश्ते - कर्म फल

जीवन का आधार होती है माँ

नवजात शिशु की इंद्रिया होती है माँ

पहली शिक्षक पहली चिकित्सक पहला प्यार होती है माँ

एक स्पर्श से ही सारी चिंताये हर लेती है माँ

जरा सा परेशान दिखुं तो तुरंत विचलित हो जाती है माँ

कुछ मेरे साथ ऊपर नीचे हो जाए तो दुनिया से तो क्या
भगवान से लड़ जाती है माँ

माँ

सोचती है मेरे बारे में और लाखों दुआये देती है माँ
जहाँ पर भी रहो तुम, साये की तरह साथ रहती है माँ
सच कहूँ तो "जीवन" शब्द का ज़ी होती है माँ
तुम से ही शुरू और तुम पर ही अंत अपना अस्तित्व कर देती है माँ
अपना अस्तित्व कर देती है माँ

- वन्दना

पिता पापा डैड और डैडी एक ही व्यक्ति को हम कई उपनामों से पुकारते है
पिता किसी भी घर की नींव की ईंट होता है
क्योंकि पिता पर ही सबकी जीत टिकी होती है
पिता ज़िंदगी की वो दीवार है जो रखती है महफ़ूज़ हमें हर आंधी और तूफ़ान से
और पिता ही वो छत है

जिसके नीचे रहते है हम शान से

कई बार युवावस्था में हम

पिता को उनकी पीठ पीछे खड़ूस व शेरखान जैसे नामों से

भी बुलाते है

लेकिन सच तो ये है

ये खड़ूस व शेरखान पिता ही हमारे

सपनों को सच बनाते है

जब बात होती है बच्चों के लिए त्याग की तो पिता को सब

अनदेखा करते है और माँ के त्याग के ही गुण गाते है

सच तो ये है की माँ के त्याग के पीछे भी पिता कि ही

शक्ति होती है जो

वो कभी नहीं दर्शाते है

हम पतंग है और पिता वो व्यक्ति है

जो डोर से बाँध कर हमें बहुत ऊँचा उड़ाता है

और कटने से भी बचाता है

पिता ही है जिसका व्यक्तित्व इतना विशाल होता है जो हमें

अपने से ऊँचा बनाने को हम पर अपना सर्वस्व न्योछावर

कर देता है

पिता का साया ही हम पर

भगवान का सबसे बड़ा आशीर्वाद है

ममता और संस्कार हमें माँ देती है

परंतु आत्मनिर्भर हमे पिता ही बनाता है

आत्मनिर्भर हमे पिता ही बनाता है ...

- वन्दना

अर्द्धांगिनी

सर्वस्व सौंपकर
वो अर्द्धांगिनी ही कहलाती है
जो संपूर्ण अस्तित्व अपना देकर
तुम्हें पूर्ण बनाती है
जो वामंग रहकर ही
तुम्हारी संरक्षक हो जाती है
कर लेती है समावेश अपनी महत्वाकांक्ष्यों का
और जो तुम्हें सम्मान दिलाती है
अबला कहलाने वाली सावित्री के जैसे
जो प्राण सत्यवान के यमराज से भी छीन लाती है
अपने संस्कारों से सजाकर

जो अगली पीढ़ी को दिशा दिखाती है
शक्ति, संवेदनायों, ऊर्जा से सींचकर
जो सौभाग्य तुम्हारा बनाती हैं
स्त्री ही है
जो तुम्हें सबल बनाके स्वयं अबला कहलाती है
सर्वस्व सौंपकर अर्द्धांगिनी कहलाती है

— वन्दना

करवाचौथ

करवा पर्याय है समृद्धि का
समृद्धि धन की, समृद्धि प्यार की

चौथ पर्याय है चतुर्थी का।
चतुर्थी कृष्ण पक्ष की चतुर्थी कार्तिक मास की

व्रत पर्याय है संकल्प का
संकल्प बंधन का, संकल्प जीवन साथी की आयु वृद्धि का

पूजन पर्याय है प्रार्थना का
प्रार्थना सूर्या से चंद्रमा तक प्रत्येक शक्ति से
जीवन साथी की आयु वृद्धि की तथा समृद्धि की

थाली पूजन पर्याय है सखियों से सहयोग का
सहयोग एक दूसरे का जीवन की प्रत्येक परिस्थिति में,
सहयोग सुख दुःख में साथ का

कहानी कहना और सुनना पर्याय है प्रतिज्ञा का
प्रतिज्ञा अटूट बंधन के प्रति समर्पण की, प्रतिज्ञा बंधन की
रक्षा की

बायना पर्याय है आभार का
आभार अपने बड़ों का उनके सहयोग के लिए
आभार अपनो का उनके आशीर्वाद के लिए

तो करवा चौथ पूजन है सिर्फ़ आयु वृद्धि का
ये तो व्रत है आभार प्रकट करने का
आभार हमारी प्रकृति का
आभार परिवार का
आभार सखियों का
आभार जीवन साथी का

- वंदना

बेटियाँ

बेटियाँ है तो घर गुलज़ार है
बेटियों से ही हमारे त्योहार है
बेटियों से ही लोहड़ी के गीतों व गिद्दो की बहार है
बेटियों से ही वसंतपंचमी पर गेहूँ कीबालियो की सुनहरी
लहलहाट है
बेटियों से ही नवरात्रि पर मिलता माँ का आशीर्वाद है
बेटियों से ही तीज के झुलो पर मल्हार की फुआर है

बेटियाँ

बेटियों से ही रक्षाबन्धन पर भाई की कलाई पर बंधता प्यार है
बेटियों की रंगोली से सजता दीपों का त्योहार है
बेटियों के हाथों से ही ईद की सेवैयो की मिठास व नमाज़
की दुआयें असरदार है
बेटियों से ही आती क्रिसमस पर केक की खूसबू व कलोल
की धुन से मुस्कराता परिवार है
बेटियों से ही सजता संसार है
बेटियों से ही सजता संसार है

- वन्दना

श्वेता (शालू) को धन्यवाद क्योंकि उनका अभूतपूर्व समर्थन और सहजता मेरे लिए बेजोड़ है। वह मेरी सभी उपलब्धियों की रीढ़ हैं।

तुम ही थे जो साथ थे अंधेरों में
तुम ही थे जो कश्ती को लाए किनारे पे
तुम ही थे जो ज़मीन से ले आये ऊंचाइयों पे
तुम ही थे जिसके जोर पर जंग लड़ आये ज़माने से
अभी भी तुम ही हो जिसने अँधेरों से पहुँचा दिया उजालों में
सिर्फ़ मित्र नहीं विश्वास भीं हो यूहीं नहीं पंगे लेते फिरते जमाने से

'एक सच्चे मित्र में सभी रिश्ते प्रतिबिंबित होते है।'

वन्दना

पुराने दोस्तों का जादू

पुराने दोस्तों से जब मैं मिला

लगा जादू की नगरी में मैं आ गया

ख़ुशी और हंसी का बंधा था समाँ

मिलने मिलाने का चल रहा सिलसिला

पुराने दोस्तों का जादू

कुछ ऐसा हुआ

आबरा का डाबरा

गिली गिली छू

उम्र से मैं सालों पीछे चला गया

समय कैसे बिता पता न चला

वर्षों से देखा भी ना था जिसको
मिला गले ऐसे जैसे कल ही मिला था

पुराने दोस्तों का जादू
कुछ ऐसा हुआ
आबरा का डाबरा
गिली गिली छू
जादू का जब वो पिटारा खुला
यादे पुरानी वो बातें पुरानी
हुई तरो ताजा
ना कोई गिला था ना कही शिकवे
हर कोई अपना बचपन फिर से जी उठा

पुराने दोस्तों का जादू
कुछ ऐसा हुआ
आबरा का डाबरा
गिली गिली छू
बिना सुर के गाया तो भी गीत बन गया
बिना ताल नाचे पर समाँ बंध गया
पुराने दोस्तों से जब मैं मिला
पुराने दोस्तों से जब मैं मिला...........

- वन्दना

पर्यावरण

पर्यावरण हमारा आवरण

ना करो इसका हरण

जल, धरा, वायु, वृक्ष

व जीवों से होता इसका निर्माण

वृक्ष धरा का अमूल्य आभूषण

जल से बढ़ता धरा का मान

शुद्ध वायु से ही मिला धरा पर हमको जीवन दान

वृक्ष काटकर, हे मानव! तुम,

ना करो धरा का अपमान

उचित उपयोग से तुम जल

का भी करो सम्मान

वायु धरा पर जीवन का कारण

इसका रखो उचित ध्यान
पर्यावरण का करो सरंक्षण
इससे ही मानव जाति का आत्मरक्षण
करेंगे वृक्षारोपण
करेंगे जल सचंरण
नहीं करेंगे वायु प्रदूषण
की शपथ लेकर
विश्व पर्यावरण दिवस का उत्सव
आज मनायो तुम
पर्यावरण के इस आवरण को मिलकर बचाओ तुम

- वन्दना

सोशल मीडिया

ज्ञान का अथाह समुंदर है यहाँ
मित्रता का सम्बन्ध फल फूल रहा
देखने पर लगता है
सब प्रगति कर रहे
ख़ुशियों से जी रहे
उपलब्धियाँ हासिल कर रहे

फिर जब मिलती हूँ लोगों से
पढ़ती हूँ समाचार पत्र
सुनती हूँ समाचार
तो माहौल कुछ और ही नज़र आता है
हर किसी को किसी न किसी विकार से ग्रस्त पाती हूँ
आपस में लड़ रहे
छोटी छोटी बातों पर एक दूसरे का क़त्ल कर रहे
बच्चे भी कमजोर मानसिकता का शिकार हो रहे
एक दूसरे पर अभद्र टिप्पणीयों की बौछार कर रहे
एक बेचैनी व असुरक्षा का माहौल बना हुआ है
जैसे हर कोई स्वयं से ही लड़ रहा है

भयावह है ये सत्य की हम सत्यता व कल्पनात्मक जीवन
एक साथ जी रहे
सत्यता में असुरक्षा व कल्पनात्मक जीवन में सहृषो बंधुओं
की मित्रता की अनुभूति एक साथ कर रहे
शोधो के परिणाम बताते है, मानसिक विकार बढ़ रहे
हर तीन में से एक भारतीय मानसिक रोगी है,
ये हम कैसी तरक़्क़ी कर रहे?
आज पाँच वर्ष का बालक भी antianxiety औषधियाँ लेकर
अपने बचपन का निर्वाह कर रहा
ठोंक बजाकर कॉर्ट्शिप के बाद विवाह रचाने वाला जोड़ा भी
डिवॉर्स की लाइन में लग रहा
टॉप संस्था में दाख़िला पाने वाला विधायर्थी
आत्म हत्या कर रहा
लाखों करोड़ों का सैलरी पैकिज पाने वाला
मोटिवेशनल स्पीकर की क्लास अटेंड कर रहा

७०-७५ वर्ष के अमृतजनो को रतन टाटा व नायडू का
"गुड फ़ेलो" का सब्सक्रिप्शन लेना पड़ रहा
लेकिन इतना सब कुछ होने पर भी सोशल मीडिया पर स्टैटस
इन सबका एंजॉइंग लाइफ़ ही पाओगे
हर कोई शान्ति व ख़ुशी का जीवन चाहता है
पर सत्य के साथ जीने से घबराता है

हे मनुष्य इस सोशल मीडिया के चक्रव्यूह से बाहर आओ तुम
बच्चों के साथ खेलो
अपने अमृतजनो के अनुभवो से ज्ञान पाओ तुम
ख़ुशी व शान्ति का एक ही स्रोत है बस
अपने परिवार व मित्रों के साथ
समय बितायो तुम
कुछ अपनी कहो और कुछ उनकी सुन जाओ तुम
हे मनुष्य इस सोशल मीडिया के चकवयुह से बाहर आओ
तुम ....

- वन्दना

सोशल मीडिया
आधारहीन ख़ुशियाँ से भरा भ्रमलोक।

वन्दना

किताब

ज़िन्दगी की किताब के पन्ने
कितने रंग बिरंगे
कितने पन्नो पर मीठी मुस्कान
कितनो पर ठहर गयी खामोशी
कुछ पन्ने बदरंग हो गए
कुछ के शब्दों की फीकी पड़ी स्याही
कुछ पन्नो पर गीत लिखे है
कुछ पर नीरसता छायी
कुछ पन्नो में संघर्ष व साहस भरा है
कुछ पर जीत की बधाई
कुछ पन्नो पर अधूरी बात

कुछ पर अनिश्चितता पसराई
कुछ पन्नो ने छोड़ा साथ
कुछ की ढीली पड़ी बँधाई
ज़िन्दगी की किताब के पन्ने
कितने रंग बिरंगे........

— वन्दना

समय

समय अच्छा
समय बुरा
समय कठिन
समय उचित
समय का ये चक्र,
बड़ा विचित्र।

समय की अनिश्चित्तता
समय की प्रतिकूलता

समय की अनुकूलता
समय का ये स्वभाव,
बड़ा तुनक मिज़ाज।

समय मेरा
समय तेरा
समय उसका
समय कहाँ, कभी किसी का
समय का ये बंधन,
बड़ा अविश्वासी

समय ख़ुशी का
समय संयम का
समय मूकता का
समय स्पष्टता का,
समय का विद्यालय
बड़ा अनुशासित।

अच्छे समय में न करना अभिमान
बुरे समय में न खोना मान
ये तो समय, कब रहता समान
वेग समय का
बड़ा चलायमान।

समय को समझो
संयम को धारो

समय की गति
को तुम पहचानो,
रहीम के दोहे को
मन में उतारो

"रहिमन चुप हो बैठिये, देखि दिनन के फेर।"
जब नीके दिन आइहैं, बनत न लगिहैं देर॥

'समय की गति यदि निश्चित है
तो समय का स्वभाव परिवर्तन भी निश्चित है।'

वन्दना

लोभ का प्रस्ताव और मैं

छोटे शहर से आयी हूँ
छोटे छोटे शौक़ रखती हूँ
छोटे छोटे कदमों से
बड़ी मंज़िल पर पाँव रखती हूँ
लंबी लंबी उड़ानो से
आदर्शवादिता कुंठित होगी
शर्मसार मुझको कर देगी
धन वैभव की वृद्धि तो संभव
पर मन को मेरे विहल कर देगी
संस्कार है पूँजी मेरी
संस्कार ही साहस है
संस्कार से ही उमंग

और जीवन में उल्लास है
तेरे लोभ से निश्चल हूँ मैं
ये मेरे गुरुओं का आशीर्वाद है
छोटे शहर से आयी हूँ
छोटे छोटे शौक़ रखती हूँ
छोटे छोटे कदमों से
बड़ी मंज़िल पर पाँव रखती हूँ

- वन्दना

परीक्षा एक उत्सव

ज्ञान जो अर्जित किया
अब आयी मूल्याँकन की बारी
परीक्षा एक उत्सव
होली, दीवाली, ईद, लोहड़ी, क्रिसमस की
ही तरह मनायो इसको
उत्साह, उमंग, ख़ुशी, मिलन, परिश्रम, समर्पण से सजायो
इसको
त्योहारों को मनाने को हो जाते एकजुट
ऐसे ही एकजुट होकर निभायो इसको
घर को ज्ञान मंदिर बनाकर, किताबों से उसे सजाकर
गीत अब उत्साह के गाकर, हर्षोल्लास से बिताओ इसको

परीक्षा एक उत्सव

माता पिता परीक्षा एक वार्षिक उत्सव की तरह मनायो तुम

बच्चो की ढाल बनकर उत्साह उनका बढ़ाओ तुम

पौष्टिक व्यंजन, पौष्टिक पेय पिलाकर ऊर्जा उनकी बढ़ाओ तुम

समय सीमा उनके साथ रहने की बढ़ाओ तुम

परीक्षा में उनके साथ सम्मिलित होकर उनके सारथी बन

जाओ तुम्

निष्ठा और परिश्रम का महत्व उनको समझाओ तुम

अंकों को लेकर ना लक्ष्य उनका बनबायो तुम

होली, दीवाली, ईद, लोहड़ी, क्रिसमस की

ही तरह मनाओ तुम

उत्साह, उमंग, ख़ुशी, मिलन, परिश्रम, समर्पण से सजायो तुम

परीक्षा एक उत्सव है इसको

चिंता, डर का विषय न बनायो तुम

परीक्षा एक उत्सव है

उत्सव सा ही माहौल बनाओ तुम।

परीक्षा एक उत्सव

ज्ञान जो अर्जित किया

अब आयी मूल्याँकन की बारी

कर लो उत्सव की तैयारी

- वन्दना

प्रेम

बंधन की डोर
पिरोती मनों को
विचारों की अभिव्यक्ति
से वृद्धित डोर की शक्ति
समय की चाशनी
पगती बंधन में विश्वास
भावनायो का मान
निष्ठा व सम्मान

मनों में उदीप्त करे आसक्ति
स्पर्श की ऊष्मा में
बंधन की प्रीति है तप्ती
बंधन की डोर
पिरोती मनों को
इस डोर से बँधने
को अपेक्षित हर व्यक्ति।

– वन्दना

मेरा नाम डा.वन्दना सिंह है पेशें से मैं स्त्री व प्रसूति रोग विशेषज्ञ हूँ। मेरा जन्म राजा भरत के पुत्र राजा दुष्यंत की जन्मस्थली, कण्व ऋषि के आश्रम, विदुर कुटी के निकट गंगा नदी के तट पर बसे उत्तर प्रदेश के बिजनौर ज़िले में सन् १९७६ में हुआ। मेरे पिता का नाम श्री मामराज सिंह तथा माता का नाम श्रीमती विनय देवी है। मैंने अपनी प्रारंभिक शिक्षा बिजनौर में ली। स्नातक की डिग्री मैंने लाला लाजपत राय स्मारक मेडिकल कॉलेज मेरठ से तथा परास्नातक डिग्री गणेशशंकर विद्यार्थी स्मारक मेडिकल कॉलेज कानपुर से प्राप्त की। वर्तमान समय में मैं एक विशेषज्ञ के रूप में प्राइवेट प्रैक्टिस कर रही हूँ तथा महिलाओं में होने वाले कैंसर से बचाव व शीघ्र निदान के साधनों के प्रति जागरूकता अभियान CAP campaign (Cancer Awareness & Prevention) को संचालित कर रही हूँ। इसके अतिरिक्त एक अन्य जागरूकता अभियान DREAM (Do Regular Exercise And Meditation) द्वारा लोगो को व्यायाम व पौष्टिक भोजन के लाभ व तरीको से अवगत करा रही हूँ।